我们的游戏

WO MEN DE YOU XI

全景图说中国文明

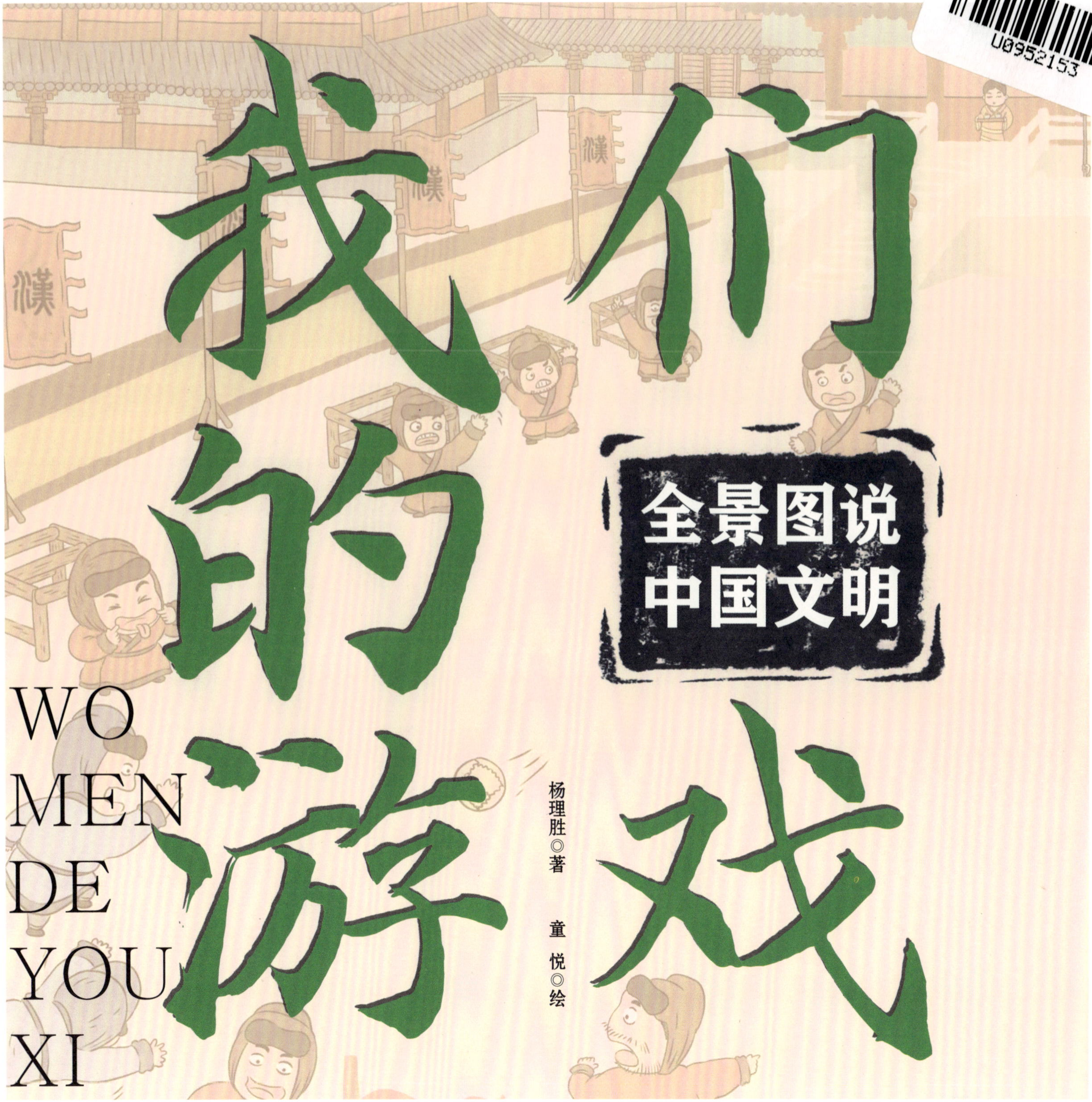

杨理胜◎著

童 悦◎绘

中国轻工业出版社

图书在版编目（CIP）数据

我们的游戏 / 杨理胜著 ; 童悦绘 . -- 北京 : 中国轻工业出版社 , 2025. 3. -- （全景图说中国文明）.
ISBN 978-7-5184-5000-8

Ⅰ . G898-092

中国国家版本馆 CIP 数据核字第 20248AT039 号

责任编辑：李　锋　罗雅琼

策划编辑：李　锋　　　　责任终审：李建华　　封面设计：董　雪

版式设计：赵艳超　　　　责任校对：晋　洁　　责任监印：张京华

出版发行：中国轻工业出版社（北京鲁谷东街 5 号，邮编：100040）

印　　刷：北京博海升彩色印刷有限公司

经　　销：各地新华书店

版　　次：2025 年 3 月第 1 版第 1 次印刷

开　　本：889 × 1194　1/12　印张：4

字　　数：100 千字

书　　号：ISBN 978-7-5184-5000-8　定价：45.00 元

邮购电话：010-85119873

发行电话：010-85119832　010-85119912

网　　址：http://www.chlip.com.cn

Email：club@chlip.com.cn

231261E3X101ZBW

目录

导读

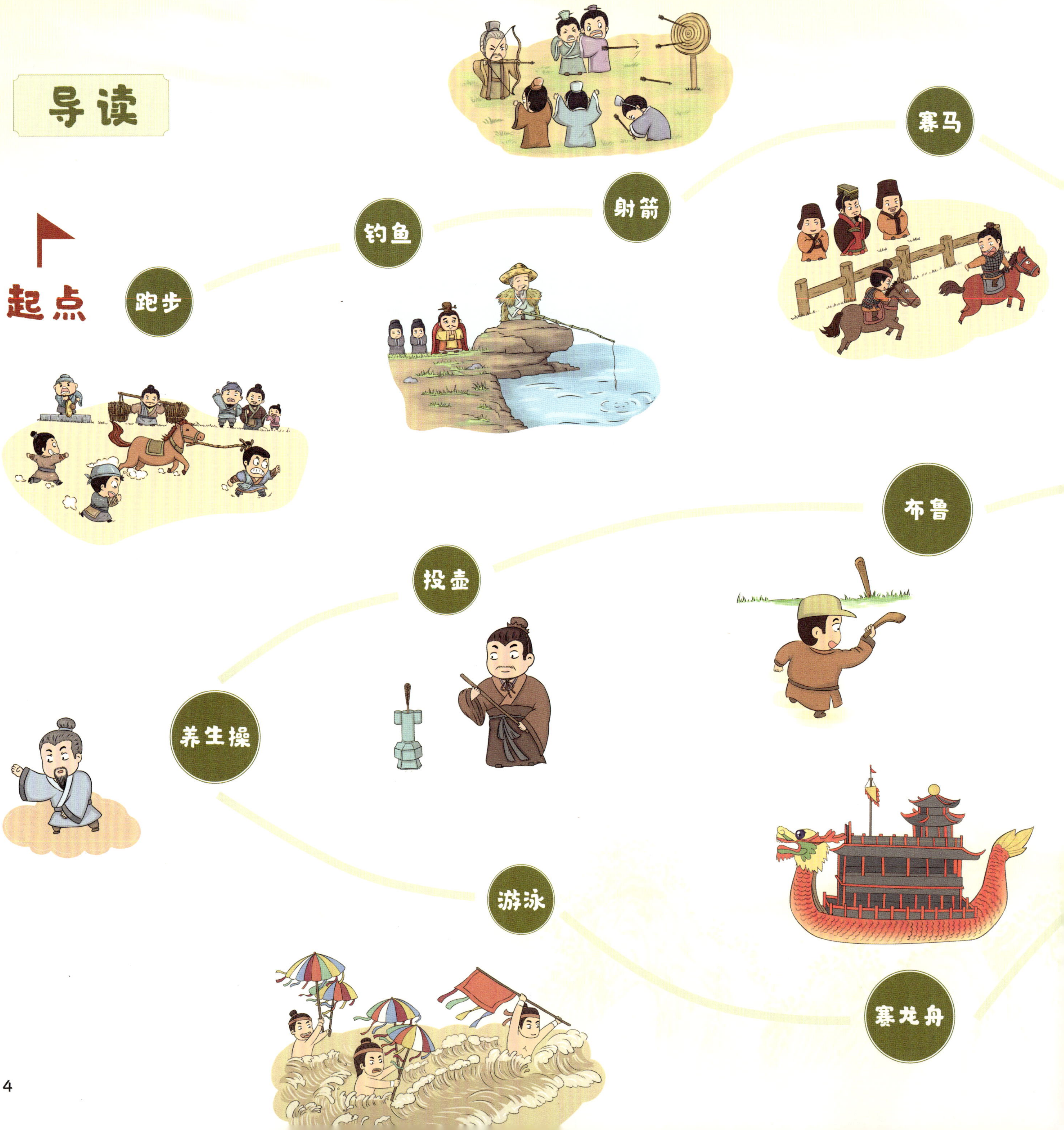

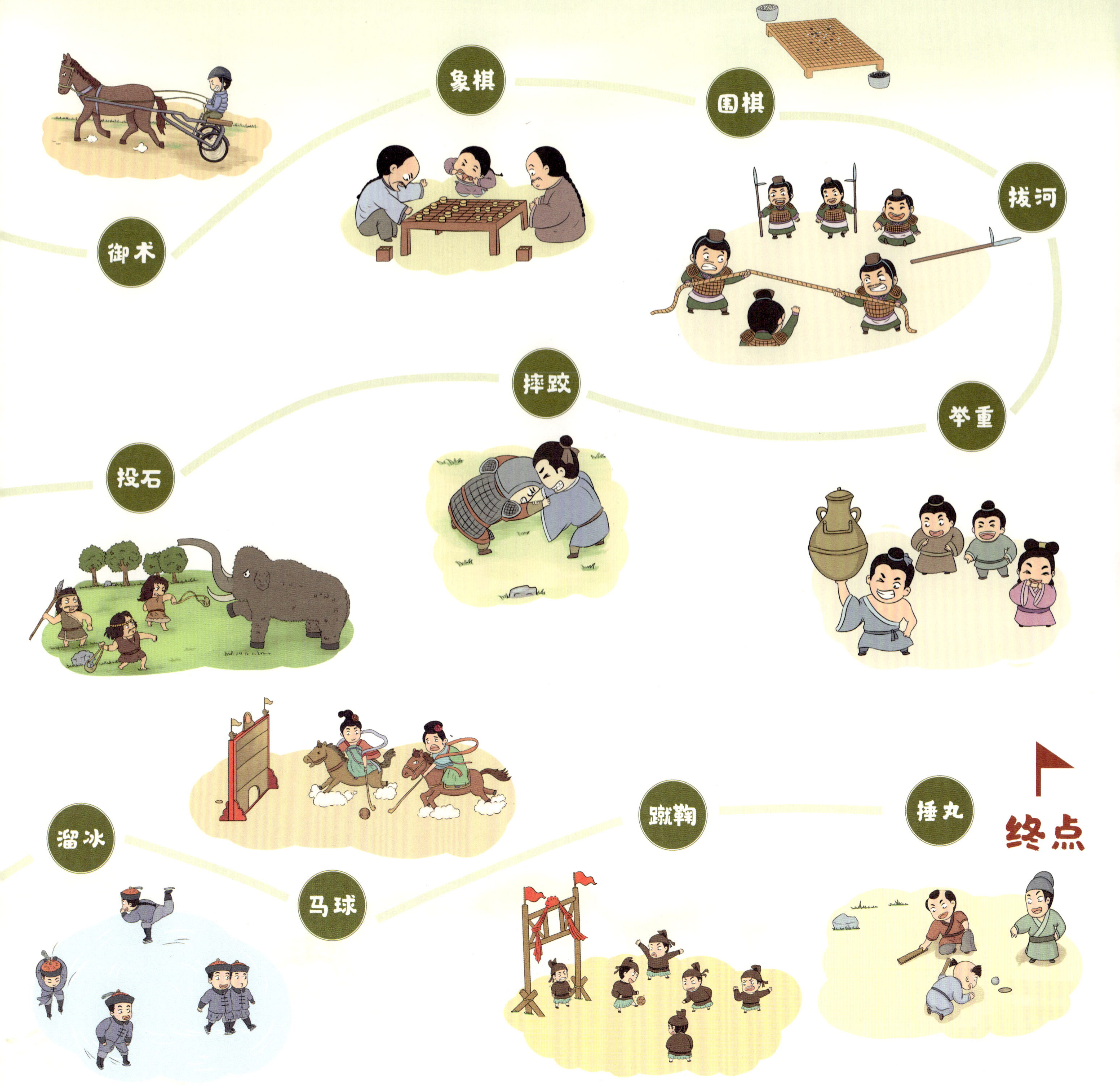
御术
象棋
围棋
拔河
举重
摔跤
投石
溜冰
马球
蹴鞠
捶丸
终点

古人跑步也疯狂

远古时期，人们跑步是为了躲避野兽和敌人的进攻，并留下了许多传奇故事。现在，跑步已经成为游戏和体育项目。

夸父逐日是一个神话传说，当时因天气突然变热，火辣辣的太阳直射在大地上，人们热得难以忍受，纷纷死去。夸父决定捉住太阳，挽救族人。他没日没夜地奔跑，眼看就要追上太阳了，却因为离太阳太近太热，最后渴死了。夸父逐日虽然失败，但他为了挽救族人，坚持不懈的精神值得称赞。

远古 >>> 汉 >>>

跑步发展到汉朝越来越受重视，皇帝、大臣们会选拔并重用那些跑步快的人，于是“伍佰”（长跑卒）隆重登场。皇帝、大臣们乘马车外出时，伍佰要先跑到队列的最前方，消除障碍，鸣声开道。

相传北魏孝文帝为起兵南下选拔将官，凡是有才能的人都有可能被录用。相传有个叫杨大眼的人去参加选拔，他要与马比谁跑得更快。只见他头上系一根约10米长的绳子，身旁一匹马，随着一声“开跑”，人马齐奔，杨大眼头上的绳子瞬间被拉成一条直线，马被他甩在身后。因此杨大眼当上了先锋官，后来因为跑得快战功显赫，荣升辅国将军。

北魏 >>> 隋唐 >>> 元

麦铁杖初在陈朝当官，是给皇帝打伞的礼仪官，上朝时他尽职尽责。可退朝后，他却成了闪速神偷，往返于几十千米之外去偷东西，同时不耽误第二天上朝。后来他被人抓住，罢免了官职。

陈朝灭亡后，隋朝大将杨素发现了这匹“千里马”，令他在军队从事情报传递工作，而麦铁杖也改邪归正，凭借跑得快在军队里立下了汗马功劳。

跑步发展到元朝时成了士兵考核的一项重要内容，朝廷每年都会举办一场名叫“贵由赤”的长跑比赛。贵由赤是蒙古语，意思是快行者，相当于现在的马拉松长跑比赛运动员。只是这场比赛的赛程要比现代的马拉松长跑比赛长约一倍，全程约 90 千米。

比赛时，参赛者需要全副武装，从起跑线后面起跑，6个多小时要跑完全程。皇帝不仅会指派专门的官员全程监督、裁判，也会亲临终点，发放奖品。

从古至今热度不减的钓鱼

在很久以前，钓鱼是饱腹、谋生的一种手段。后来，钓鱼渐渐变成了一种娱乐游戏。下面我们就来看一看从古至今发生的钓鱼趣事。

小知识

弯钩和直钩

1.弯钩:用兽骨或禽骨磨制而成。一端微弯，有个磨得锋利的钩，另一端有小孔可系鱼线。

2.直钩:用兽骨磨制而成，两端锋利留有倒刺，并且有系绳的钩槽。用绳子绑着直钩，丢入水中，鱼儿咬钩时，可以卡住鱼嘴。

新石器时代，位于今陕西省西安市的半坡人钓鱼技术已经十分娴熟，他们用的鱼钩有弯钩也有直钩。

远古 》》 商周 》》

商朝末年，西伯侯姬昌外出，溪边遇见了一位白发垂钓老人。老人的鱼竿、鱼线都很短，青铜做的鱼钩无倒刺，并与水面有一段距离。西伯侯姬昌很好奇，如此岂能钓到鱼儿？他上前攀谈方才得知，老人就是身负雄才大略的姜子牙。这就是“姜太公钓鱼，愿者上钩”的故事。

小知识

青铜鱼钩

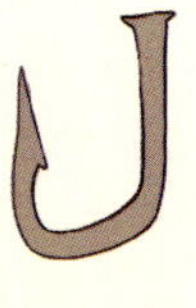

商周时期，青铜器的冶炼技术得到大力发展，金属工具逐渐取代了石头器具，青铜鱼钩出现了。

现在，钓鱼已经成为正式的体育运动，中国也成立了钓鱼运动协会，与世界其他国家的钓鱼协会不断进行友好交流。现代的钓竿材质种类繁多，有竹质、玻璃纤维、碳纤维等。鱼饵更是五花八门，比如蚯蚓、米饭、菜叶等，甚至有专门制作好的鱼饵出售。

唐 >>> 现代

著名诗人柳宗元（773—819年），才高八斗，年纪轻轻就当了官，并被多次提拔。然而，他却随着一场改革运动的失败，被贬为永州司马，流放十年。柳宗元将政治上的失意用诗歌的形式进行展现，留下了脍炙人口的诗——《江雪》。

跨越千年的游戏：射箭

射箭是从古至今从未间断过的竞技项目。有人射箭是为了打猎填饱肚子，有人专门练习射箭是为了上战场杀敌，还有人把射箭围猎作为娱乐，更有一位神话人物居然用弓箭射落天上的太阳……

传说，远古时期天上出现了10个太阳，大地被烤焦了，人们苦不堪言。一位叫羿的人，箭法高超，用弓箭射下9个太阳，人们因此过上了幸福的生活。虽然这是一则神话，但弓箭已经隆重登场。

战国时期，魏国著名改革家李悝（kuī）曾经下过一道“习射令”：两人若有纠纷来打官司，直接拉到靶场比赛射箭，先射中靶心者胜。因此，百姓们习箭热情很高。

远古 »» 春秋 »» 战国 »» 西汉 »»

春秋时期，弓箭的制作有了统一标准：需要干、角、筋、胶、丝和漆这六种材料。其中，干的选材上柘木最好，最差的是竹制的；角是牛角，最好的角根部白、中部青、末端丰满；筋则越精细、越长越好；包漆要清澈；丝要富有光泽。

西汉时期，射箭已不单为了打仗，也成了一项娱乐项目。据说，飞将军李广有次外出打猎，误将草中的石头看成老虎，一箭射去，整个箭头深入石头中。可见李广将军箭法了得。

北宋时期，大诗人欧阳修发明了一种叫九射格的游戏：将九种动物画到侯（圆形的靶）上，熊画到靶心，然后做九支竹签放入签筒中，大家抽到什么动物的签，就去射靶上相同的动物。射中了，换下一人；射不中罚酒；射中靶心的熊，在座的人都要喝酒。

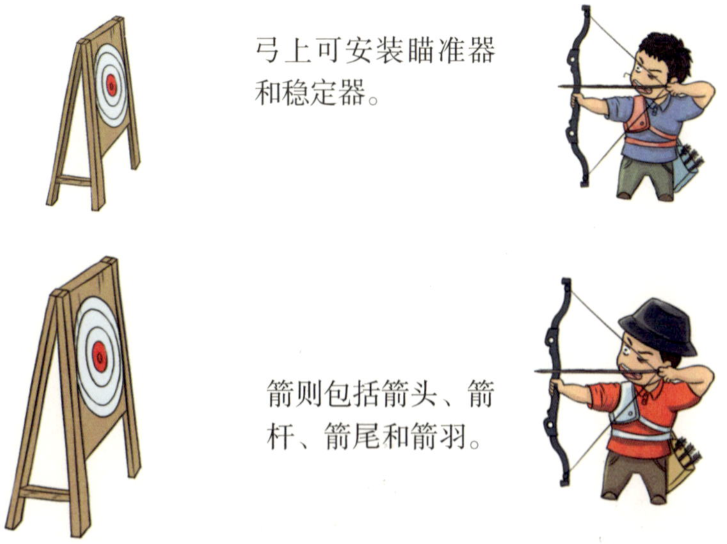

到了现代，射箭依然兴盛，于 1896 年正式走进奥运会赛场。

北宋 ››› 辽金元 ››› 清 ››› 现代

辽、金、元时期，北方游牧民族几乎全民射箭，射箭也成了很多节日习俗中的娱乐项目之一。每逢端午时节，就会有射柳、祈雨等活动，帝王将相都会参加。这些习俗持续至清朝末年。

清朝是由擅长骑马射箭的满族建立，所以清朝皇帝会经常举行围猎活动。

上等
中等
下等
上等
我用上等马对您的中等马，中等马对您的下等马，下等马对您的上等马，三局两胜。
还可以这样？

古代赛马活动的花样玩法

距今 6500 ~ 6000 年，马被人类驯化成功。中国最早的家马和马车见于商朝。春秋战国时期，各国争霸，连年混战，骑兵和马拉的战车开始普及，贵族之间的赛马活动也流行起来。

齐国大将军田忌喜欢赛马，有一回，他和齐威王进行赛马比赛，他们把自己的马分为上、中、下三个等级，三局两胜。由于齐威王三个等级的马都优于他同等级的马，田忌惨败。于是，田忌的好朋友孙膑给他出了一个主意，马还是原来的马，只是换了出场顺序，结果齐威王输了比赛。

汉武帝时期，朝廷开始大量引进西域良马，宫廷当中也经常组织赛马比赛。在出土的汉代画像砖和陶俑中，有不少赛马的形象。甘肃省博物馆的镇馆之宝“铜奔马”，形象栩栩如生，代表了大汉气象。

近现代以来，赛马运动被传承下来。改革开放以后，中国的经济文化快速发展，中断数十年的赛马活动得以再次恢复。目前，全国已建成多个赛马场，其中内蒙古自治区呼和浩特市北郊的赛马场是亚洲最大的国际化标准赛马场，相关的赛马活动也日益增多。现代赛马，主要包括速度赛马、平地赛马、障碍赛马等。

汉 >>> **元** >>> **现代**

作为来自草原的统治者，元朝人对赛马的热爱无需多言。朝廷会在每年农历六月选一个好日子，在大都（今北京）城内举办热闹非凡的赛马活动。除了宫廷赛马，当时大都城内的老百姓也会举行赛马比赛。

无比重要的御术

童话故事里的王子、公主都喜欢乘坐马车出门，把马车当作交通工具。可你知道吗，历史上的马车曾经不仅是战场上的主角，甚至还是杂技的一种表演形式。无论哪一种马车，驾驶它都需要高超的技术，这就是古人所说的“御术”。

周朝一般是一车三人。三人的位次是：尊者在左，驾车之人在中，御敌之人在右。如果车中尊者是国君或主帅，就站在中间，左边是驾车的人，右边是负责持戈御敌的人。车遇险阻时，右边之人还需下去排除障碍和推车。

最早的马车，大都用在战场上，被称为“战车”。如果士兵掌握了高超的驾车驭马本领，会给战争增加许多胜算。

马车大多有两个轮子，马的数量不一定，包括一车一马、一车两马、一车四马，以及一车六马。

魏晋之后，人们骑马的技术越来越好，对驾车技术的要求也没有那么高了，御术也就逐渐失去了存在的意义。

夏商周 ⋯⋯ 》》⋯⋯ 秦汉 ⋯⋯ 》》⋯⋯ 魏晋 ⋯⋯ 》》⋯⋯ 现代

秦汉时期，马车不再只用于打仗，还有运输、出行等功能，御术就显得更加重要。从汉朝开始，驾驭马车开始具有表演娱乐性，需要更高的技巧，也有了更好的观赏价值，被称为“戏车”。

汉朝的戏车，是指供杂技表演的车。按照戏车上绳索的位置，可分为斜索戏车、平索戏车、双索戏车等。有的杂技表演者技艺高超，会攀竿上爬，有的会跳跃如飞。

随着现代赛马运动在我国的大力发展，轻驾车运动开始出现并逐渐为人所知。它要求人驾着两轮马车，通过控制马的速度来进行比赛，有障碍驾驶赛、马拉松赛等，都是根据比赛时间的长短来判定输赢。

老少痴迷的古老游戏：象棋

小朋友们，你们玩过象棋，或者看过爷爷下象棋吗？一个棋盘、几颗棋子，既能让人开怀大笑，也能使人眉头紧锁。那么象棋是现代才有的吗？不，它是老祖宗留给我们的文化遗产。

两个人或两组人，每方6个棋子，1枚代表枭棋，剩下5枚代表散棋。

棋子大多为木质或骨质。

博局，就是棋盘。木制，由长方形盘板和四个脚组成，大小不一。盘面上有边框，刻有一些简单的符号、规则的纹路。

箸相当于骰子，小竹管劈成两半，呈弧形断面，断面涂了黑漆，与筷子差不多长。竹片断面涂成黑色，另一面是白色。

象棋历史悠久，战国时期流行的“六博棋”算是象棋的前身。“六博棋”是仿照当时的军队编制发明的。

下棋前，先摆好自己的棋子，再开始投箸，箸的白色面数量越多，走的棋步越多。双方相互进攻，将对方逼到死路即可获胜。

据说，投箸时，如果投中五白，就可以直接取胜。

战国 >>> 秦汉 >>>

秦汉时期，六博棋的玩法变了。下棋时，双方除了六枚棋子外，还各有一枚“鱼”（圆形棋子）放在“水”中，行棋时先投茕来决定行棋的步数，根据茕上的数字决定棋子能走几步。每一个棋子的目的地都有规定，先到达规定位置的棋子要竖起来，称为“骄棋”。此时“骄棋”便可入“水”，吃掉对方的“鱼”。谁先得到6根博筹，就算赢了。

棋子仍为12枚，每人6枚，分别是“枭、卢、雉、犊、塞（两枚）”，用不同图案表示，一般用黑白或大小来区分两方棋子。

摆放中间的小圆棋就是“鱼”，吃掉对方的“鱼”，得到2根博筹。连吃2条“鱼”，就能获得3根博筹。先取得6根博筹者获胜。

“水”，类似于现在象棋中的“楚河汉界”。

棋盘为正方形或长方形，棋盘上面有曲道。

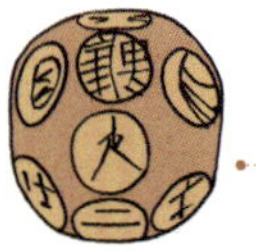

汉朝的茕（qióng）（相当于现在的骰子）是一个18面体，其中16面刻着数字，另在相对的两面刻“骄”和“妻畏”二字。“骄”就是骄棋，是有利的棋步，“妻畏”是不好的棋步。

唐朝时，象棋深受统治者的喜爱。唐太宗李世民研究过北周时期的《象经》，并产生了浓厚的兴趣，象棋逐渐在宫廷流行起来。唐玄宗李隆基、唐肃宗李亨都沉迷于这项活动。到了唐代宗宝应年间，民间开始称象棋为“宝应象棋”。

棋盘的横向与纵向都是8个小格，棋子走在格子里，而不是交叉点上。

宝应象棋更接近现代的国际象棋，有王、士、马、象、车、卒这6个兵种。象棋内灌入铝芯，外面包着铜鎏金或涂黑白色。

小知识

宝应象棋的6大兵种

王：每一种棋子都有一定的象征意义，比如“国君不出境”，意味着象棋中的王不能出军帐。

车：其实就是春秋战国时期流行的兵种——战车，取横冲直撞之意，故必须走直路。

卒：专指步兵作战，也得走直路。

马：意味着骑兵作战，走“日”字。

象：即文官“相”，防守为主，必须守着自己的将帅，不能乱跑。

士：指代将帅的贴身卫士，走斜线，不离将帅左右。

唐 »» 宋元 »» 清 »» 现代

北宋时期，象棋棋子增加到32枚，黑、白棋子各16枚，正面字上还涂了金色。除了铜质、木质棋子，还出现了瓷质棋子。南宋时期，棋盘上增加了河界。

宋朝中后期的象棋已完全发展为现代象棋的棋制了，棋子的兵种有将、士、车、象、马、砲（炮）、卒，棋子的走法与现代象棋差不多。

明清开始，象棋更加平民化，普及面更广。象棋高手不仅越来越多，还分了很多派别，棋谱也层出不穷。普通老百姓也喜欢下象棋了，而且不分男女老少。

现代，几乎每年都举行全国性的象棋比赛。下棋的方法没有什么改变，只是炮吃子时必须隔一个棋子，叫作“跳吃”。除帅或将之外，其他棋子都可以听任对方吃或主动被吃。被对方吃掉的棋子要从棋盘上拿走。最终，谁能成功吃掉对方的“帅”或“将”，谁就赢了。

古老的围棋

被人们形象地比喻为黑白世界的围棋，是我国古代人民喜爱的娱乐活动之一，同时也是人类历史最悠久的一种棋艺，算得上是所有棋类活动的祖先。据说围棋的玩法一直没有太大改变，但是不同朝代，棋子、棋盘的定制还是有差异的。

春秋战国时期的围棋棋子分为黑、白两色，各有150枚，材质以石质、陶质为主。

春秋战国时期，有一位围棋高手名叫“秋”，人们都称他“弈秋”。“弈”在那时是围棋的另外一个名字。弈秋棋术高超，很多年轻人都想拜他为师。

春秋战国 >>> 唐 >>>

唐朝之后，下围棋不仅是高雅的娱乐活动，还成了外交方式。相传唐宣宗时期，就发生了一则有趣的故事。

倭国（今日本）王子随使团来到长安城，要与大唐围棋高手切磋棋艺。皇帝命令翰林院棋待诏顾师言与其对决。下到第33子时，王子投子认输。后来这盘棋被称为“三十三手镇神头”。

唐朝棋盘的材质为陶质、瓷质、紫檀木材质，棋盘上横竖各有19道。

宋元时期，不仅朝廷设有棋待诏，民间也开始盛行围棋。不少围棋高手纷纷制作棋谱，其中也包括宋太宗，“对面千里”“独飞天鹅”“海底取明珠”三招棋谱就出自他手。

小知识

围棋规则的演变

围棋规则的演变是一个长期的过程，从古代到现代，围棋规则在不断变化。

不同点：

1.从东汉开始，人们会先在棋盘斜对角的位置上分别摆4个棋子，黑、白各2个，这种布局称为“座子制”。清朝晚期，空盘下棋的方式取代了“座子制”开局。

2.双方轮流下棋，棋子要落在交叉点上。一般而言，白棋先黑棋后，与现在不同。

3.古人计算胜负的规则也不一样。唐朝之前，计算棋盘上谁剩的棋子多，谁就获胜。唐宋时期，还可以数围的空点数量来定胜负。

相同点：

1.落子后不得后悔。

2.落子后，对方棋子无气，也就是与这颗棋子直线紧紧相邻的空点被不同颜色的棋子堵住了，就应该从棋盘上取走这颗棋子。

宋元　明清　现代

清朝时，出现了范西屏和施襄夏两名围棋高手。相传乾隆四年（1739年），范西屏和施襄夏二人在浙江当湖（今浙江平湖）对弈了十局棋，二人实力相当，各赢了五局。十局棋下得惊心动魄，被后人称为“当湖十局”。

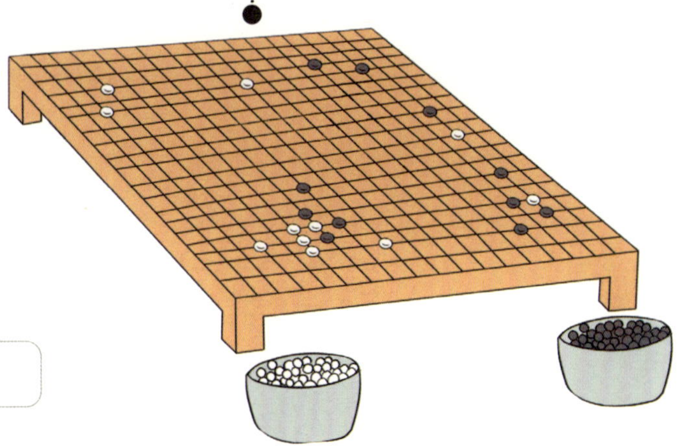

发展到现代，围棋更盛行了，甚至成为培养思维的一种方法，很多小朋友都成了围棋迷。现代围棋，使用方形格状棋盘，黑白二色圆形棋子。棋盘上纵横各有19条线段，将棋盘分成361个交叉点，棋子走在交叉点上，双方交替行棋，落子后不能移动。

到了唐朝，正式有了“拔河”之名，每年农历正月十五民间都会举办大型的拔河活动。

春秋战国 >>> 唐

春秋末年，楚国和越国时常在长江上水战。著名的木匠鼻祖鲁班给楚国量身定做了一种叫“钩强”的兵器，把楚国在越国上游的地理优势发挥到了极致。

后来，楚国在水军训练中将薄竹片劈成细丝，做成篾缆（绳索）代替长钩，将士分成两队，各自抓着篾缆的一端，相互用力牵扯，这就是拔河的雏形。后来，拔河从军队逐渐普及到民间，成为一种广受欢迎的娱乐游戏。

一场力量的角逐：拔河

拔河不仅是一场力气大小的角逐，还是人们热爱的娱乐活动。小朋友们，你们知道吗，现在的拔河其实是从古人军队训练中演变过来的。

在麻绳的中间，立了一面大旗作为界线，哪一方把旗子拉过界就算赢。

每队有一个打鼓助威的人。

唐朝以后，拔河不再使用竹索，而是用大麻绳。

现代

国际拔河联合会于1960年成立，总部设在荷兰。该联合会制定了国际拔河比赛规则，并于1964年组织了首次国际拔河比赛。

正式的拔河比赛，绳子截面周长为10～12.5厘米，总长度不得少于33.5米。绳上不许打结或有其他任何有助于运动员握持的东西。

比赛时每队8人，按全队运动员的总体重分为480公斤、520公斤、560公斤、600公斤、640公斤、680公斤、720公斤及720公斤以上等不同级别进行比赛。

在河界两侧分别抓住绳索的一端，然后用力拉绳，将对方拉过河界的一方获胜。

谁是你心目中的大力士

历史上出现过很多大力士，有的能举鼎过头，有的能徒手与猛兽搏斗，有的能提起千斤重的石狮子……然而，他们并非天生神力，很多人是后天练出来的，那么他们为什么要练力气呢？

据说，商纣王能“倒曳九牛，抚梁易柱”，也就是他力大无穷，不仅可以拉得动九头牛，还能手托房梁更换房柱。

中国历朝历代都有大力士，商纣王便是其中之一。

夏商周 >>> 战国 >>>

战国时期的秦武王嬴荡也是个大力士。他在洛阳举鼎，结果弄断了胫骨，最后因伤势过重去世了。

鼎在新石器时代早中期就已经出现了，不过那个时候的鼎是陶鼎。夏朝时，青铜鼎开始出现。商周时期，青铜鼎既有3足的，也有4足的，形制上有圆形的，也有方形的。

西汉时期，汉武帝的第四个儿子刘胥（xū），从小就力气大、勇气足，不仅能空手与野猪、棕熊等猛兽搏斗，还可用双手将大鼎扛起来。这一时期，练习力量的方式增多了，有拔树、背大型动物、举大铜壶、抛举大车轮子等。后来，举壶、举鼎等练习力量的活动变成了汉朝的一种娱乐表演。

明清时期，举重成了“网红”运动，既有娱乐性质，也是武举考试内容中的一项。

汉 >>> 唐 >>> 明清 >>> 现代

唐朝时，力量的比试成了选拔人才的一项内容。相传唐德宗时，一个名叫汪节的村民，在去长安的路上，看见桥边有一个约千斤重的石狮子。汪节为了向人们展示他力大无穷，举起石狮子扔到一丈（约3.3米）多远的地方。后来，他被人推举，当上了将军。

到了现代，举重已成了奥运会比赛项目中观看率较高的赛事之一。比赛有男女之分，按照参赛运动员的体重来分级，需要完成规定的动作。运动员双手将杠铃举过头算成功，同级别的选手举起的重量大者获胜。

有很多名字的游戏：摔跤

摔跤可不是“打架”，它是一项需要力量与技巧的运动，从古至今经久不衰！更特别的是，它有很多名字，最早叫“角力”，之后加入娱乐的表演形式，叫“角抵戏”。它叫“摔跤”之前，还被称为“相扑”。

最早的摔跤活动出现在原始社会，人类为了生存，与自然界中的动物进行搏斗，利用自身的力量、技巧取得食物或保护自己，这就是摔跤运动最早的起源。

到了春秋时期，因战乱、攻伐频繁，作为军事训练的角力活动开始在各国广泛传播。晋国末年，大臣赵简子有一名护卫叫少室周。他得知城内有个叫牛谈的人，角力本领高强，便去挑战。结果，少室周连输几场。他自认技不如人，便向赵简子推荐了牛谈，还主动让位。

远古 >>> 夏商周 >>> 春秋 >>>

夏商周时期，“角力”这个叫法出现。据《礼记》记载，每年冬天，周天子都会“命将帅讲武，习射御，角力”。周朝把角力和骑马、射箭等作为练兵的准军事科目。

士兵们近距离进行空手肉搏。

专门设置全国性的相扑冠军比赛，俗称擂台赛。比赛不按体重划分级别，但有比赛规则，名为“社条”，执行规则的裁判则称为“部署”。

打擂者，上身光着身子，下身穿着裤子和鞋子，也可以只在腰间绑一条短裤。

比赛时，两人可以拳打脚踢、摔抱扛扭，不许使用暗器，将对方摔倒在地为胜。

宋朝时，“角抵”改名为“相朴”，主要分为两类：一类是决胜负的比赛，以打擂形式进行；另一类是在场上表演，属于百戏的一种。

参赛运动员必须统一穿连体摔跤服，裁判会根据选手摔跤的不同状态来加分计数。在规定时间内，分数高的一方就是胜利者。

现在，摔跤成了奥运赛场上的比赛项目。运动员需按照体重分成不同的等级。2004年的雅典奥运会上，我国首次参加奥运会女子摔跤项目，年仅18岁的王旭，获得中国摔跤队历史上第一枚奥运金牌，实现这个项目奥运金牌“零的突破”。之后的奥运赛场上，我国摔跤运动员屡创佳绩。

秦汉 》》 宋 》》 明清 》》 现代

秦朝时，“角力”正式更名为“角抵”，并在宫廷流行，还出现了一种新的娱乐表演形式“角抵戏”。

汉朝时，民间还出现了一种“蚩尤戏”。相传远古时期，蚩尤耳朵鬓角长得像刀剑，头上长有两个角，争斗时用角抵住对方，便占了上风。人们模仿蚩尤，头戴牛角面具，在大街上表演决斗。

明清时期，相扑正式更名为“摔跤”。清顺治年间已有善扑处，康熙年间正式成立善扑营，在智擒权臣鳌拜中立有大功。摔跤选手称“布库”或“扑户”，主要负责研究摔跤的方法，练习摔跤，按照技术高低领取不同的工钱和粮食。

清朝时，北京城内有很多叫作“跤窝子”的摔跤场地，其中东四、西四、月坛、日坛、天桥、地坛、朝阳门、永定门、崇文门、地安门等地都有。

石头扔得准，也能当武器

在原始社会，人们想方设法让石头的威力变大，以便获取更多食物。在战乱不断的年代，士兵练习投石以加强战斗力，并用铁器取代了石器。到了现代，投掷运动被搬上赛场，成为奥运会上的比赛项目，如铅球、铁饼、标枪等。

原始人非常聪明，他们不仅用石头捕猎，还发明了更具有攻击力的飞石索等远射工具。原始人所用的石球是加工过的，可以攻击野马、羚羊等比较大的动物。

小知识

射程较远的飞石索

单股飞石索：用皮条或绳索，一头拴上一块石头，把长长的皮条或绳索在手腕上绕几圈，手臂用力挥几圈，再朝野兽甩出去。

双股飞石索：用两根皮条或绳索，再缝制一个兽皮兜，将绳索与兽皮兜的两端系住，手抓住绳索两端，兽皮兜里放大一点的石块或者很多石块，专门攻击大型猎物，杀伤力更大。

远古 >>> 汉 >>>

到了西汉，投石不再是为了猎取食物，变成了训练士兵的特殊方法。它不仅能锻炼士兵投掷的准确性，还能增强手臂力量。

西汉时，甘肃地区出现了一个投石非常厉害的将军——甘延寿。相传，甘延寿在实战训练时，能够将一块6斤重的石头扔出很远，且命中率极高。

西晋时期，狩猎活动特别盛行，投掷活动越来越多。那个时候，西晋经常与北方的少数民族发生冲突。打仗时，士兵先找一个有利位置藏起来，等敌人进入埋伏圈，再用石头、铁球等攻击。

到了唐朝，铁球或铁锤被绑在了绳子上，变成了早期的链球。发展到宋代，出现了金属链球或链锤。使用时，两手同时握着绳链，身体与链条一起旋转，再用力使链球脱手，链球即可飞出，击中敌人或者猎物。

西晋 >>> 唐宋 >>> 现代

投掷运动发展至今，出现了新的花样，比如铅球、铁饼、标枪等，这些都被列为奥运会的比赛项目。

【铅球】

1. 运动员要在投掷圈中站立投掷。
2. 运动员身体不能接触投掷圈以外的任何地方。
3. 比赛用的铅球为实心的铁、铜等金属球，表面光滑。

【铁饼】

1. 运动员单手投掷，进入投掷区开始投掷。
2. 运动员身体不得触及投掷区以外的任何地方。
3. 每次试投的时间限定为 1 分钟。

【标枪】

掷标枪，先助跑积攒力量，最后将标枪经肩上猛地投掷出去。

蒙古族的投掷项目：布鲁

从古至今投掷类的游戏非常多，远古人类的击壤，明清时期小朋友爱玩的打瓦游戏，蒙古族至今还在流行的布鲁等。现在人们爱玩的丢沙包、套圈等游戏，都属于投掷类游戏，你玩过哪个呢？

投掷活动，若从尧算起，已经有4000多年了。远古时期，人类最开始只能用石头、木棒等攻击野兽。为了击打得更准，他们开始勤加练习，出现了早期投掷活动——击壤。

后来，壤被砖替代，击砖成为一项儿童游戏，并流传了下来。后来，人们还发明了一些与击壤相似的新游戏，其中明清时期的打瓦游戏比较有名。

远古 >>> 明清 >>> 近现代

小知识

布鲁的不同类型

“吉如根布鲁”为近距离杀伤大型野兽时所用。在布鲁的弯头上用皮条捆绑铜铁制成的心状物，以增强攻击力。

“图固拉根布鲁”为猎取机动性强的小动物时所用，用融化后的锡、铅等浇筑在布鲁上增加重量，增强击打效果。

“海雅木拉布鲁”为木制的，是最普通的一种布鲁，平时用来练习或比赛时使用，也可以用于猎杀小型动物。

布鲁，也称为面其嘎，蒙语为投掷棍棒的意思。布鲁形似镰刀，是蒙古族人民在漫长的游牧狩猎过程中所发明的一种猎取野兽的工具。它分布广泛，是蒙古族人民的一种竞技娱乐活动。根据形状和用途的不同，布鲁分为掷远布鲁和掷准布鲁两大类。

能上古代热搜榜的投壶游戏

投壶起源于周朝，衰落于民国时期。投壶由六艺中的“射”发展而来，是我国古代宫廷宴饮礼仪中的一项重要活动，也是民间宴会经常开展的活动。古代权贵、文人雅士用投壶来修身养性。

需要什么样的壶

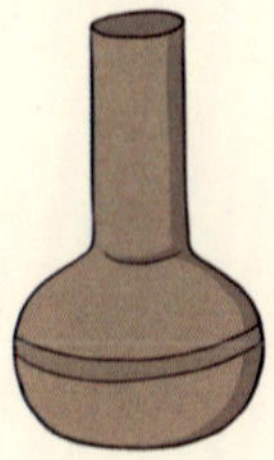

投壶以“箭”入壶多少来判定输赢。为使投入壶中的箭不反弹而出，壶中会装满红小豆。

需要什么样的箭

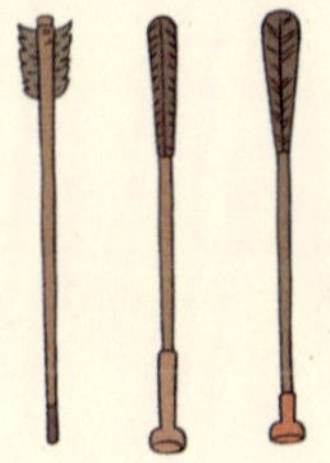

箭一般采用柘木制成。箭的长度以“扶”为计算单位，一扶是四寸（约13.3厘米），其中“室中五扶，堂上七扶，庭中九扶”。每次比赛仅允许投出四支箭。

从春秋时期开始，射箭成了宴请宾客的礼仪之一，但是由于地方的限制，或有的人不会射箭，所以用投壶来代替。久而久之，投壶就成了宴饮时的固定游戏。

汉武帝时，有个大臣叫郭舍人。他不仅是投壶高手，还创造了新玩法，深受皇帝的喜爱。新玩法包括，用竹箭替换了木箭；把壶里面的小豆去掉；将竹箭投入壶中，弹出来之后还可以再投，循环往复。

春秋 >>> 汉 >>> 宋 >>>

那个砸缸救小伙伴的司马光，长大后成了宋代的一名官员。他非常喜欢投壶，甚至对投壶的礼节、游戏规则、所需物品等进行了一些改动。经他修改后的一些新规则一直被后人使用。

双贯耳型投壶为标配。

第一箭投入壶中，叫作“有初”，计10分。

第一箭投入壶耳，叫作“贯耳”，计20分。

第一箭没有射入壶中，叫作“散箭”，不计分。

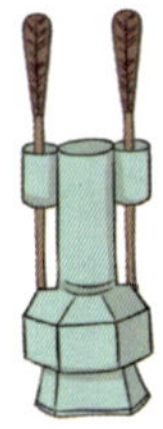

第二箭和第一箭一样也中了贯耳，叫作“连中贯耳”，计20分。

箭进入壶中一点点、箭竿斜靠在左右壶口（即两耳处）的“倚竿”，以及箭尾先入壶中的“倒中”，之前得分清零。

全部命中，叫作“全壶”。

“有终”即最后一箭投入壶中。

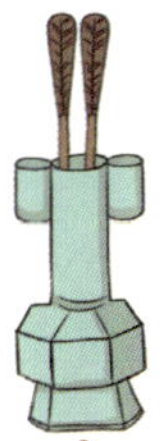

两支箭一起射入壶中，叫作“双龙入海势”。

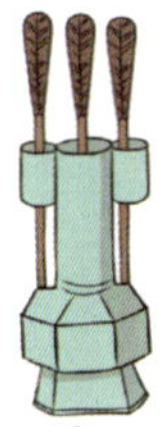

三箭一起投，分别投中三个壶口，叫作“三教同流式”。

到了明清时期，投壶在民间、宫中乃至北方少数民族地区都还在流行，甚至还出现了专门供皇帝投壶所用的投壶亭。现在的北京中山公园内还保留着清朝时期修建的投壶亭。到了清末，随着西方现代体育的传入，投壶慢慢退出了历史舞台。

来抓我啊！
父皇加油！
唉，只中了两箭！

古人酷爱养生操

养生操大约萌芽于商朝时期，那时候主要以导引术的形式存在。导引术就是一项以肢体活动为主，配合呼吸吐纳的运动方式。小朋友们，快叫上爸爸妈妈一起来运动一下吧！

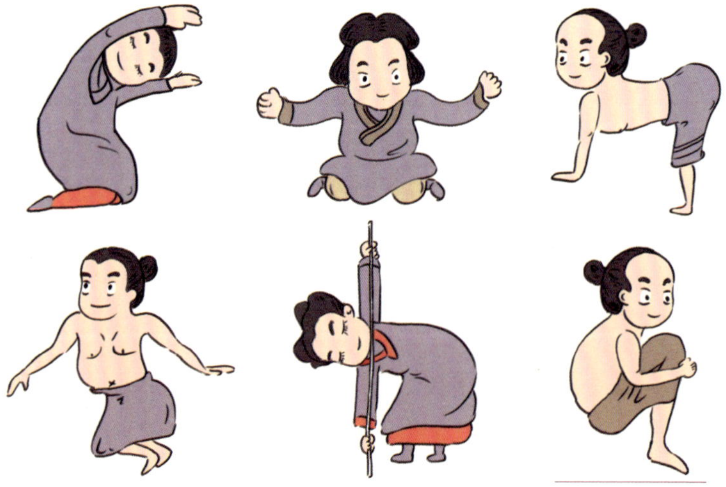

西汉的导引术形式更丰富了。可根据人体日常生活中的体态动作来练习，还可以模仿动物的形态。通过练习，不仅可以养生，还可以治病。

小知识

练习导引术的注意事项

1.导引练习，不分男女老少，可以穿着衣服，也可以裸着背。

2.不同的动作术式，作用不同。

3.可以站着或坐着练习，甚至可以拿着器械练习。

商 >>> 西汉 >>> 东汉

“导引”这个词最早出现在《庄子》中。相传，商朝有一个名叫篯铿（jiān kēng）的人，喜欢模仿各种动物的动作，还编排了一套体操，并叫它“导引术”，本意是模仿动物的呼吸吐纳、引申肢体的养生体操，就像现在的广播体操。他本人被奉为养生家的祖师爷，后因其封地在彭城而被尊称为“彭祖”。

东汉时期，神医华佗创建了“五禽戏”来强身健体。五禽戏模仿虎、鹿、熊、猿、鸟等动物的样子，再结合导引术的理论与实践，并配合正常呼吸。这套养生操既有趣又有效，深受各类人群喜爱，一直沿用至今，并于 2011 年被正式列为国家级非物质文化遗产。

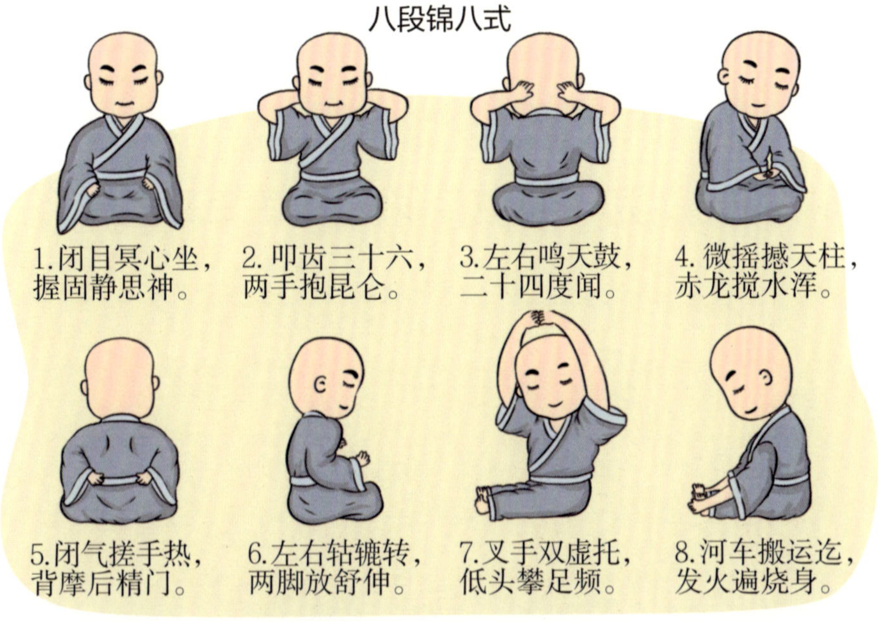

唐朝时，中医们将各种养生术都汇在了一起，导引术变得更受欢迎。宋朝以后，导引术朝着简单易学、精练成套的方向发展，逐渐成为养生体育的保健功法，其中最著名的就是“八段锦”。

20世纪50年代初，公园里的爷爷奶奶们开始练气功。这也是在导引术的基础上发展而来的。气功不单单是练气，还要运用意识与肢体动作。2010年，健身气功在全国火速发展起来，大型活动不断。练习五禽戏、八段锦等养生功法的人越来越多，甚至流传到海外。

唐宋 >>> 明清 >>> 现代

到了明清时期，导引术更加全面完善了。很多养生学家给导引术点赞，强调它是强身防病、延年益寿的好方法，这时期表现最优秀的要数调气练外丹，具体做法如下。

1.面向东，站立，头微仰，目微上视，两足与肩同宽，两臂垂下，两肘微曲，两掌下按，十指朝前，从1数到49。

2.八指收为拳，掌背向前，两拇指朝身体，从1数到49。

3.拇指叠在中指中节上为拳，趁势往下一拧，使微曲的肘伸直，虎口朝前，从1数到49。

4.两臂平抬起，向前平伸，拳心相对，拳与肩平，两肘微曲，从1数到49。

5.两臂向上竖起，拳心相对，虎口朝后，两拳不可贴着，也不要离得太远，从1数到49。

6.双臂弯曲，往下收两拳，举到两耳处，肘与肩平，虎口朝肩，拳心朝前，从1数到49。

7.身体微微前合，以脚跟离地为度，将两臂伸直，与肩平，虎口朝上，从1数到49。

8.两臂转向前，从1数到49。

9.两拳收回，向胸前上抬一点，拳心向前，往上抬起拳背对鼻尖，两拳相离一点，从1数到49。

10.两拳分开，肘与肩平，肘尖往后用力，两小臂竖起，拳心向前，虎口对耳，从1数到49。

11.两拳翻转向下至肚脐，两个食指的大节与肚脐相离一点点，从1数到49。

12.两拳松开，两手垂下于身体两侧。手心向前，往上端，与肩平，脚跟微起，反复3次。两手再握拳，举过头顶，再用力甩下，反复3次。

古代也有花样游泳

游泳自古就有，早在古代，我们的祖先就已经展现出了惊人的游泳水平，还出现了很多游泳高手及有趣的故事。

在战争频繁的春秋时期，游泳是训练水兵的必备项目。当时，南方的吴国与越国水军都非常厉害。北方的齐国虽然很强大，但总担心吴国和越国攻打自己。于是，齐国大臣管仲建议齐王修建一个大水池，来训练士兵的游泳技能。

汉魏时期，端午节会举行游泳比赛。当天，人们早早来到江边，自愿报名参赛，推举出一名裁判。参赛者在水里奋力游，最终胜出者得到奖品。

春秋 >>> 汉魏 >>> 宋

到了宋朝，游泳成了观赏性的娱乐活动。南宋时，有种特殊的游泳活动，叫作“弄潮”，非常盛行。临安（今浙江杭州）城里的人们，每年八月份涨潮的那一天，都会去钱塘江边观看弄潮活动。

当潮水涌来，数百名游泳健将，手持彩旗或者彩色小伞，迎着潮水涌来的方向，向上游去，并随着潮水的涌动起伏翻滚。

从宋朝到明朝，民间游泳活动花样百出，甚至与杂技结合在一起，出现了“踏滚木”“水傀儡”“水百戏”等技艺，人们游泳的姿势丰富多样。同时，游泳不再是南方人独有的活动，北方人也积极开展。

明清 >>> 现代

游泳运动，从古至今从未中断过，如今已经成为夏季奥运会的大项目，包括蛙泳、蝶泳、仰泳、自由泳以及花样游泳等子项目，我国游泳运动员在奥运会赛场上也曾多次夺得冠军。

小知识

看古人怎么跳水

远古时期人类抓鱼时，会不断重复跳入水中的动作，这就是跳水最初的样子。

唐朝有一个跳水高手曹赞，可从百尺高的桅杆上跳入水中，然后悠然坐于水面之上，像坐在席子上一样，不起一点水花。这样的技巧，无疑是惊为天人了。

宋朝时的“水秋千”有点像现在的花样跳水，跳水者借着秋千让身体飞起来，在空中完成各种优美动作后跳入水中。

跳水发展至今，已成为一项优美的水上运动。1979 年以来，我国跳水健儿在一系列重大比赛中都取得了优异成绩，中国已被公认为世界跳水强国。

赛龙舟是为了谁

小朋友们都知道端午节要“赛龙舟”“吃粽子”，那为什么要赛龙舟呢？有人说是为了纪念屈原，还有人说是为了训练水兵……你觉得呢？

划船比赛是长江流域多水地区的一种水上游戏，它的起源与我国南方地区水资源丰富以及生产生活方式有关。

远古

西周时期，人们特意将龙的形象雕刻在船上，并进行划龙舟比赛，表达对龙的崇拜与敬畏，“龙舟”就是小船与龙结合在一起的产物。

西周

春秋时，楚国忠臣屈原眼见国家危亡，毅然投江而去。百姓们划着船去救他，却没找到。人们担心屈原的尸体被鱼儿吃掉，自发地往江里丢好吃的。后来，人们为了纪念屈原，在端午节这一天，划龙舟、吃粽子。

春秋战国

两汉

西汉时，划龙舟同样盛行，汉武帝还将划龙舟搬到军队里，专门在长安城南修建了昆明池，训练水军进行水上作战，其中划船比赛就是基本训练项目。

唐宋

明清时期，赛龙舟依然大受欢迎，皇帝也定期在西苑举行龙舟比赛。这个时期的龙舟设计有了极大的变化。

明清

我国各地的划龙舟比赛会在端午节这一天如期举办。1980年，龙舟赛正式成为体育比赛项目，还举办了“屈原杯”龙舟赛。传到国外后，这项活动深受国际友人的喜爱，成了国际比赛。

现代

到了唐宋时期，每年的端午节这天，人们会在民间举办一场盛大的划龙舟活动。活动前，领头人会到各家各户去收取资助，买木料造船、召集能划船的壮丁进行训练。自此，龙舟竞渡有了娱乐功能。

溜冰戏雪，小朋友们的最爱

冬天下雪结冰，小朋友们最开心了，因为冰雪上能玩的游戏太多了。瞧！古人也和你们一样，喜欢堆雪人、滚雪球、打雪仗、滑冰、拉冰床等，就连现在的花样滑冰也是从古代发展而来的。

小知识

竹马是什么

隋唐时期，生活在东北地区的黑水靺鞨（mò hé）人（也就是后来的女真族），制作了一种在冰上滑行的工具——竹马。其实早在汉代，竹马就出现在街道庭院内，是孩子们的玩具。

将竹竿的一端扎成马头状，另一端安上一个轮子，人骑在竹竿上，手里拿着一根曲棍，用力撑，就可以滑行了。

北方少数民族铁勒（又称丁零、敕勒）族（今维吾尔族的先民之一）的一支拔悉弥部，已经掌握了滑降和滑雪杖的使用技术。而当时的滑雪板，其前部已设计为尖翘状并向上翘起，板底裹以马皮，下坡可减少阻力，上坡则可加大摩擦力，表明隋唐时期的滑雪板和滑行技术已经非常成熟。

旧石器时代 >>> 隋唐 >>>

旧石器时代，人们就开始滑雪了。那时的新疆北部阿勒泰地区，几个脚踏滑雪板、手持单杆的滑雪人就和动物们一起在雪地里驰骋了。2006年，《阿勒泰宣言》发布，正式确认中国新疆阿勒泰地区为“人类滑雪发源地”。

小知识

肯骨楞

大多数史学家认为，达斡尔族为契丹后裔。他们称滑雪板为肯骨楞。肯骨楞是一种极具民族特色的雪山运动器材和交通工具，一般选用轻巧坚固的松木板制作而成，宽12厘米，厚3厘米，长约1.35米，前端呈尖翘状，底面用鬃尖朝后的公野猪生皮贴包。达斡尔男子会脚蹬肯骨楞进行滑雪比赛，或者穿行在林间传递情报。

到了宋朝，出现了“冰嬉”一词，泛指冰上活动。冰上活动由此兴盛起来。明朝时，冰嬉被正式列为宫廷体育活动，还出现了一种叫冰床的滑冰工具。民间有人乘坐冰床在冰上游戏，有人用冰床当马车出行。

宋元明 >>> 清 >>> 现代

小知识

清朝时滑冰穿什么鞋

冰鞋分为单冰刀和双冰刀两种，是用一根直的铁条嵌在鞋底，跑起来非常快。

1. 单冰刀铁条安在鞋底中间，特点是速度快。

2. 双冰刀铁条安在鞋底两边，特点是比较稳。

清军入关后，每年冬天皇帝都会检阅八旗军队的溜冰技术，滑冰姿势有很多种，令人眼花缭乱。

奥运会上的花样滑冰，运动员脚蹬冰鞋，配合音乐滑出各种漂亮的动作。我国花样滑冰双人滑在世界冰坛有着傲人的成绩，申雪和赵宏博就是其中的一对。当然，现代的冰上运动还有很多，例如速滑等。

清朝时，滑冰运动达到鼎盛，民间经常开展冰嬉活动，皇宫每年也要举行一次大规模的冰嬉活动。冬至那天，皇帝会在北京北海公园的太液池上，检阅士兵们的滑冰水平。

小知识

鞭陀螺——小朋友最喜欢的冰上游戏

在冰面上用鞭子抽打陀螺，小朋友们都玩过吗？北方的小朋友们，相信你们的爸爸妈妈对这个冰上游戏会有很深刻的儿时记忆。据说，陀螺在远古时期就已经存在，一直流传至今，它的样子一直在发生变化。

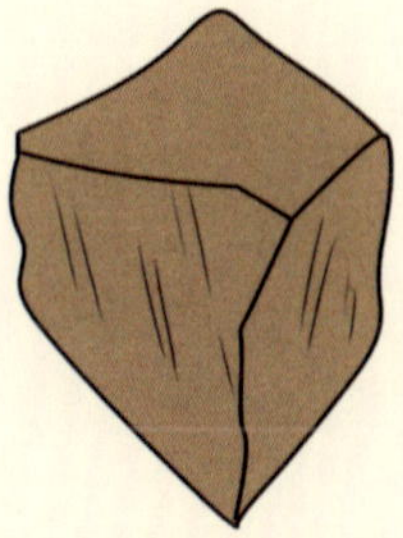

新石器时代的木质陀螺

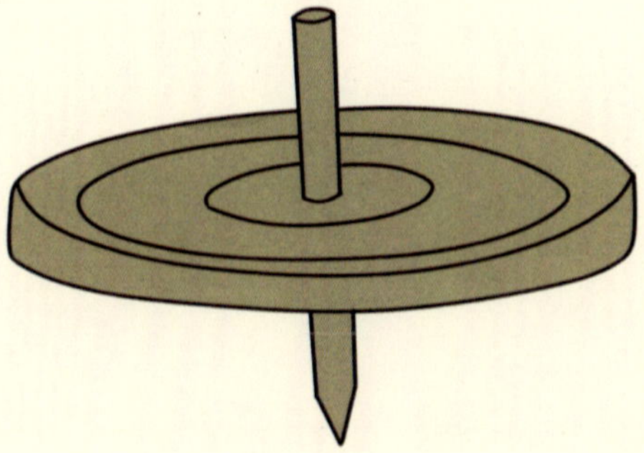

宋朝时的“千千车”陀螺：主体是一个圆片，中央有一根轴。

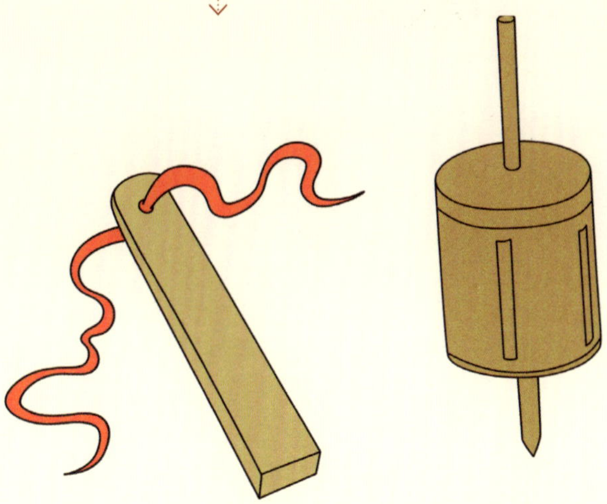

竹质鸣声陀螺：圆柱形，在一侧挖空，外面留一条长长的孔，用鞭子抽打，旋转的同时会发出嗡嗡的声响。

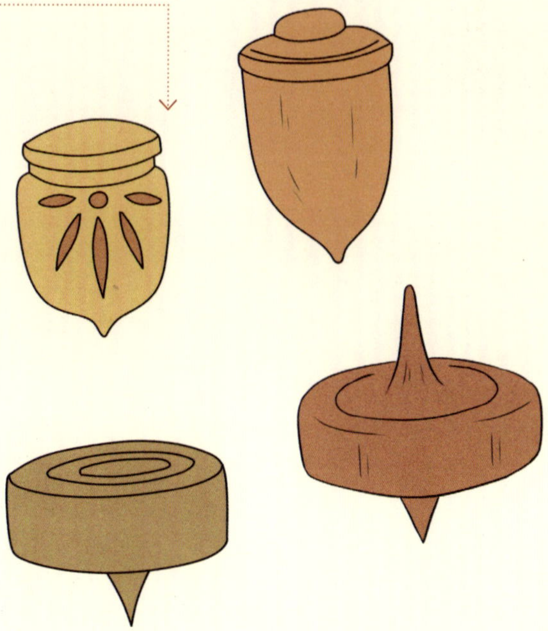

现代陀螺：木质，中间是实心的，尖头着地，用绳子抽打它即可旋转。

骑着马打球，女孩也爱玩

骑马还能打球？你没听错，这就是古代男孩、女孩都爱玩的游戏——马球。马球以前叫“击鞠”“打球”。打马球离不开骑马，要想打好马球，骑术一定要好。

三国时期，曹操的儿子曹植在洛阳的某个地方看见一个翩翩少年击鞠的过程，于是写下了“连翩击鞠壤，巧捷惟万端”的优美诗句，其中“击鞠”就是打马球的原型，即在马背上用长柄球槌击打木球的运动。可见，马球运动早在三国时期就已经流传开了。

三国 ……… 》》》 ……… 隋唐 ……… 》》》

隋唐时期，骑兵是军队中的重要兵种，为了训练骑兵的马术，打马球便是一个好方法，就连军队中官员的提拔也需要考核马球技术。随着时间的推移，马球运动开始成为贵族们喜爱的一项娱乐活动。

双球门：在场地的两端各有一个球门，谁将球打入对方的球门就是胜利，类似现在的足球球门及规则。

单球门：在一个木板墙下面开一个一尺大小的小洞。谁打入球门的球多，谁就赢了。

球大多是木质的，拳头大小。

比赛场地一般比较开阔。

场地两边各设置一个球门，竖起一两米长的木柱作为门，木柱上还雕刻着龙的图案。

球门两旁插着许多彩旗，主看台的两边台阶下放一个可以插小旗的架子，射中一球得一分，往架子上插一面小旗。比赛时间到，以小旗的多少决定输赢。

看台两边各安排一人拿着小红旗上报进球得分数。

球场四周有士兵在守卫。

宋朝战争频繁，历任皇帝都非常重视军队训练。北宋初期，宋太宗为了更好地训练士兵骑术，专门命人细化了马球比赛的规则，每年三月份都会举办一场别开生面的马球比赛。

宋 >>> **明清** >>> **现代**

盛行了千百年的马球运动，发展到明朝，成为一种射门竞技，不再是激烈的对抗比赛，技艺表演性更强。明宣宗朱瞻基就喜欢在皇宫观看马球表演，只有一个球门，两三人追打一个球，力争将球打进球门。

明朝后期，马球运动不再兴盛，基本只会在皇宫或民间有重大节日或重要活动时才会开展。到了清朝，马球运动基本消失不见了。

民国初年，西方的现代马球开始传入我国，马球运动又缓慢地发展起来。马球比赛时，两队对抗，每队4人。进球多的队获胜。

所有运动员头戴马球帽。

腿上带着皮质护膝、脚上穿着一双棕色皮靴。

球杆木质或竹质，杆长1米多。

室外比赛用木质球，室内比赛用充气皮球。

身穿白色裤子，上衣颜色由队伍自行决定。

小知识

古代其他热门球类项目

拍球

古人也叫“手球”。人们会用手掌向地上或墙上连续地拍球，还可以花样拍球，边拍球边自身旋转、单腿跷起手拍球……

抛水球

宋朝时，抛水球的游戏就已存在，宋徽宗赵佶还曾为此写下诗句：“戏掷水球争远近，流星一点耀波光。”由此可见，抛水球游戏在宋朝时期已经流行。游戏规则很简单：将球在水面上用力抛出，抛得远者获胜。20 世纪 20 年代，水球运动正式传入中国，我国运动员在之后的亚运会、奥运会上都取得了不错的成绩。

蹴鞠，游戏排行榜上的大明星

你喜欢看足球比赛吗？你喜欢哪个球星？我国古代也有很多踢球高手，让我们一起去历史古赛场看看，有没有人能和你心目中的足球明星一较高下。

西汉时，年轻的霍去病多次领兵攻打匈奴，立下了赫赫战功，被汉武帝封为“骠骑将军”。霍去病非常喜欢蹴鞠，即使在征战匈奴的途中，也时常组织士兵进行蹴鞠活动。在塞外对抗匈奴时，由于粮草运送不便，士兵们经常食不果腹。为了提振士气，霍去病经常组织士兵开展蹴鞠活动，效果显著。霍去病不仅是蹴鞠的爱好者，更是其传播者。他远征匈奴时，将蹴鞠带到了河西走廊，使这项运动在西域地区开始流行起来。

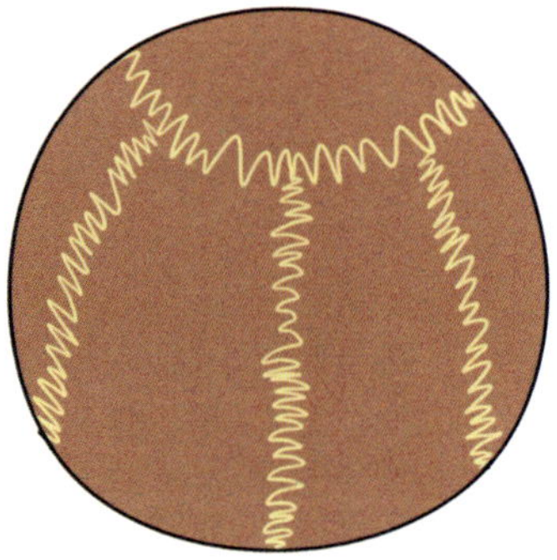

球是动物的皮做成的，里面装满毛发。

小知识

宋人喜欢的小游戏——踢毽子

宋朝开始，鸡毛做成的毽子出现，一度被认为是由古代蹴鞠演变而来的一种民间游戏。明清时期，踢毽子代替了踢球，毽子可以在人们头、脸、后背、前胸、脚、膝等部位盘旋飞舞。从清末办新学开始，踢毽子一直是学校体育课程里的重要内容，至今仍受到学生们的欢迎。

传说，远古时期的北方部落首领黄帝带领战士们玩起了踢球游戏，从此这个踢球游戏便成了中国古代的一种球类运动。

到了汉朝，这种球类运动正式被称为“蹴鞠”或“蹋鞠”，并成为军队练兵的方法。

远古 >>> 汉 >>> 唐宋 >>>

唐朝创造了单球门蹴鞠竞赛，皇帝偶尔会去观看。到了宋朝，蹴鞠比赛受到皇帝、贵族乃至民间老百姓的广泛喜爱。

唐朝的球在中间放一个动物的膀胱，吹满气，作为球胆，外面包上八片牛皮做成球皮，可以往高空踢。

宋朝时，球门发生了变化，场地中间竖两根两三米高的竹竿，杆子上结网，网的上半部分留一个洞当球门。

双方队员按照一定的位置分别站在球门两边，将球踢过球门就可以得分。

元朝的蹴鞠继承了宋朝的传统。值得一提的是，“白打”这种蹴鞠方式被元朝人广泛推广。所谓的“白打”类似于“花样足球”，可由多人一起表演。

元 >>> **清** >>> **现代**

到了清朝，满族人还把蹴鞠与滑冰结合在一起，发明了一种新的游戏——冰上蹴鞠。清朝中期以后，西方足球开始传入，蹴鞠这项传统游艺活动逐渐被取代。

1863 年，现代足球运动在英国诞生，成为全球最具影响力的单项体育运动之一。标准的足球比赛，两队各派 10 名球员与 1 名守门员，共 11 人，在长方形的草地球场上对抗、进攻、防守。每射入一球就可以得到一分，得分多的一队胜出。如果在比赛规定时间内得分相同，则需看比赛规则，可以通过抽签、加时赛或互射点球等形式来一决高下。足球比赛中除了守门员可以在本方禁区内用手部接触足球外，球场上每名球员除了开界外球，只能用手以外的其他身体部位控制足球。

捶丸是高尔夫球的亲戚吗

唐朝有一种球类运动，叫作“步打球”，人们拿着一根球杆，把球打进球门就算赢。发展到宋朝，球门变成了几个洞，并成为古代的热门运动，古人称它为“捶丸”，和我们现在的“高尔夫球”有点像。

宋朝时，不仅成年男子喜欢捶丸，妇女、儿童也热衷于这项运动。相传范仲淹的外孙滕元发小时候特别喜欢“击角球”，范仲淹担心他耽误学习，总是劝诫他别玩了，可滕元发实在忍不住，总是偷偷玩。这里的“击角球”就是捶丸。

宋朝人的球叫“角球”，用角骨制作而成，不容易被打碎。

明宣宗朱瞻基很喜欢捶丸游戏，他经常在宫廷院落内打球。后来，捶丸运动越来越没落，最后变成了妇女、儿童之间简单的捶丸游戏。清朝中后期，随着西方列强的入侵，捶丸运动最终在战乱中慢慢消亡。

宋 >>> 元 >>> 明清

捶丸在元朝时达到鼎盛，皇帝、大臣、民间百姓都爱玩。甚至有人为捶丸出了一本书，名叫《丸经》。这本火了百年的书，到了明朝依然被大家翻刻买卖。

比赛前，打球之人可以领到筹码：大筹是20，中筹是15，小筹是10。第一个将球打进球窝的人可以得到三筹，第二个将球打进的人可以得到两筹，第三个将球打进的人可以得到一筹。

八人以上叫“大型比赛”，七八人叫“中型比赛”，五六人为“小型比赛”。

三四人称为“一朋”，最少的参赛者也得两人，叫作“单对”。

球杖类型比较多，有撺棒、朴棒、单手等。在不同条件下想要打出不同的球，就要选择不同的球杖。

球是用树木身上结成绞瘤的部位制作而成，不易损坏，而且轻重适中，容易击打。

场地上挖一些比球稍微大一点的球穴，旁边插上彩旗作为标记。

捶丸要在空旷场地上进行，野外最好。